# 감자꽃 침묵

민수호 제4시집

청옥

# 감자꽃 침묵

## 시인의 말 ● ● ●

독일 속담에 "물고기는 낚시로 잡고 사람은 말로서 잡는다"라는 말이 있습니다. 말의 힘으로도 조직을 나라를 세상을 움직이지만, 아울러 시인은 세상을 시詩 라는 문학으로 말랑말랑한 세상도 험악한 세상도 변화를 시작하는 기초적 '문화예술'이라는 상당한 테마 속에서 글을 쓰면서 활동한다.

우리는 모두 개개인이 무한한 힘을 가지고 있습니다.
이 힘은 자신을 자각하지 못하면 아무런 힘이 되지 못한다.
자신을 자각하는 의미에서 나 자신을 비판하면서 세상도 비판한다. 최소한의 상식을 지키고 도리를 지키면서, 때로는 반칙도 하면서 반성도 하면서 다른 사람이나 정치인들을 시로써 비판도 해본다.
위와 같은 일상들은 보통 우리들이 살아가는 소박한 과정들이다.

문학이라는 나의 틀 속에서 자기만족도 하면서 스스로에게 행복함의 소재로 봉지 커피 한잔과 시 한 편 걸쩍거리는 맛으로 외로움 속의 행복함을 찾곤 하였다. 이것도 세월의 자연법칙 앞에서 시한이 다 되어가고 있다고 본다.

제3시집 『지리산 메아리』를 낸 후 꼭 4년 만의 제4시집이다.

조용한 삶의 여생을 희망하면서 상식을 지키면서, 먼지는 틀어서 조금만 나오는 그런 소박함으로 마치고 싶다.
이 시집의 출간하기까지 국가의 도움과 청옥문학협회 최경식 회장께도 감사드립니다.

2025년 8월 산청에서
시인 민수호

## 차례 ● ● ●

▎시인의 말 · 4

### 제1부 끄트머리

사랑이더라 ─────────── 13
가을산에서 보내는 편지 ────── 14
끄트머리 ──────────── 16
귀향 ───────────── 18
나팔꽃 뉴스 ─────────── 19
지리산 천왕봉 ────────── 20
꼬리표 ───────────── 22
하나도 아깝지 않아 ──────── 23
비雨 ───────────── 24
삶길 산길 ───────────── 25
새끼를 꼬며 ─────────── 26
달빛 체온 ───────────── 28
아까시나무의 추억 ──────── 29
역사 ───────────── 30
뜨는 해 지는 해 ────────── 31
인생 회고 ───────────── 32
친구 ───────────── 34
코스모스 ───────────── 35
호랑나비 ───────────── 36
홀로되기 ───────────── 37
단풍의 시간 ─────────── 38

## 제2부 감자꽃 침묵

- 감자꽃 침묵 ——— 43
- 백두산 천지 앞에 서서 ——— 44
- 다뉴브강 ——— 46
- 갑과 을 ——— 48
- 겨울비 내리는 사연 ——— 50
- 그대 빛이 되어 ——— 51
- 물레 ——— 52
- 버린다는 것 ——— 53
- 그리움 ——— 54
- 봄 날개 ——— 55
- 산청山淸 ——— 56
- 상사화相思花 ——— 57
- 생활 속의 비 ——— 58
- 아무도 없네 ——— 59
- 위패 봉안각 ——— 60
- 장동樟洞 마을 고샅길 ——— 61
- 죽어야 시작된다 ——— 62
- 청바지 ——— 63
- 치매 ——— 64
- 침묵 ——— 65
- 지지 마라 ——— 66
- 힘力 ——— 67

## 제3부 텅 빈 그리움

지리산의 눈雪 ——————— 71
텅 빈 그리움 ——————— 72
관계 상식 ——————— 73
일편단심 독도 ——————— 74
단애單愛 ——————— 76
미로 마감 ——————— 77
반딧불 ——————— 78
별이 내려온다 ——————— 79
사랑받고 싶으니까 ——————— 80
생각 ——————— 81
수선화 ——————— 82
입을 맞추다 ——————— 83
자연사와 자살 ——————— 84
잔소리 안 하는 약藥 ——————— 85
제주도 ——————— 86
짝사랑 ——————— 88
청사포 ——————— 89
칼랑코에 ——————— 90
플라토닉 러브 ——————— 91
추석 ——————— 92
금오도 비렁길 ——————— 93

## 제4부 낯익은 낯섦

달과 태양 ──────────── 97
낯익은 낯섦 ──────────── 98
레지스탕스 ──────────── 99
공개 바위 ──────────── 100
무능無能 ──────────── 102
냄새 헌장 ──────────── 103
살아남은 아이 ──────────── 104
상식 ──────────── 106
삶, 공간 ──────────── 108
권력의 자연법칙 ──────────── 109
날씨가 참 좋습니다 ──────────── 110
詩, 뉴스 속에 살다 ──────────── 111
왕산 망경대 비석 ──────────── 112
약자의 도구 ──────────── 114
전 국민이 정치인 ──────────── 115
임도林道 산림보호 관리단 ──────────── 116
천왕봉 비석에게 ──────────── 118
전기차 수소차 ──────────── 120
태양 ──────────── 122
통일벼 블랙리스트 ──────────── 123
플라세보 효과 ──────────── 126
하지 마 ──────────── 127

## 제5부 파랑새

가을 들판 —————————— 131
파랑새 ———————————— 132
파크골프 ——————————— 133
국립공원 1호 ————————— 134
단풍 데이트 ————————— 135
비가 온다 ——————————— 136
산채비빔밥 —————————— 137
섬 ——————————————— 138
쉬지 않는 정성 ———————— 139
알바트로스(Albatross) ————— 140
자랑섬 ———————————— 141
작은 행복 ——————————— 144
잔소리 ———————————— 145
인테리어(Interior) ——————— 146
좋은 집안의 조건 ——————— 147
지나고 보니 ————————— 148
하늘과 땅 ——————————— 151
사랑과 타이밍 ———————— 152
지리산 단풍은 ———————— 154
참새부부 ——————————— 155
파크골프 인생론 ——————— 156
희망 ————————————— 157

**해설** / 최경식 ———————— 158

감자꽃 침묵

제1부

끄트머리

# 사랑이더라

봉숭아 꽃 촉촉해서 저녁인가 했더니
아침이더라

문밖 바람 서늘해서 가을인가 했더니
속 좁은 생각이더라

속 좁고 가난했던 생각 문지르니
싱싱한 희망이더라

기나긴 세월 안아서
불룩해진 생각 두드리니
구름 같은 물방울 그리움이더라

방울 닦고 하늘 올려다보니
참 좋았던 사랑이더라

## 가을산에서 보내는 편지

초록으로 법석이던 산자락
산비탈 기슭의 자드락길에
오랜 고목처럼 내가 서 있다

색색의 옷으로 갈아입기 시작한 산
때론 변덕도 부리지만
수려하고 기품 있는 여인의 자태다

젊음이 저만치 떠났다 해도
누군가의 가슴에 별이 될 수 있다면
닳은 신발에 부르튼 발가락
딴청 부리는 가난 또한 그리움이다

가을 한복판 바람 속으로 바람이 분다
누구든지 기꺼이 맞아주는 산
영원히 아끼고 사랑해야 할 마음의 고향이다

친구야 힘들게 지켜온 품위
구겨진 변명은 잠시 잊어버리고
곰삭힌 우정으로 개구쟁이처럼 뒹굴어 보자

하얀 겨울이 오기 전에
사랑하는 친구에게 고향으로 돌아오라
모서리 없는 엽서 한 장 띄우고 싶다

# 끄트머리

매일 힘든 일상에서도
아침에 일어나면

산하를 돌고 온 바람은
착한 공기로 변해
코와 입으로 들락거린다

푸르다가 발갛다가
앙상하게 변한 마을 앞 山은
추워서 웅크린 채 화가 난 침묵이다

불안하고 초조한 코로나19의 앙상한
뉴스들은 보나 마나
화살처럼 총알처럼 터전을 공격하고
삶을 갈라친다

살아야 할 미래는 희망이라는 포장이
헝클어지는 지금 세상에
한평생 더덕더덕 삶 때 묻은 손바닥으로
마음과 생각을 다독거린다

살아가야 할 고구마 줄기 같은 끝자락 희망은
사연 많았던 발바닥 하늘 아래에서
뒹굴고 끌어안고 뒤뚱뒤뚱 살아온 인생이었지만

안착할 내 그릇만큼의 편안할
하얀 섬은 어디쯤 있을까

# 귀향

지리산이 안아 주고 산신 공기 뿜어주니 청정수도 자랑이고
구름을 머리에 두르고 천왕봉 기氣 지켜주니
엉덩이 붙이고 살 산청 땅 귀향 귀촌 11년

한방漢方으로 힐링 넘쳐나니 내 고향 산청이다
이렇게 저렇게 함성 울린 해운대 바닷가 세월 마감하고

허수룸한 산청 고가古家 속에서 아버지 어머니 냄새 속에서
족보 울타리 가족묘지 삽질하며 여생 다독이는 흙손으로
대나무만큼은 매끈하고 단단하지 않을지라 해도

천왕봉 산그늘 정기 받아 온돌방 추억으로 잘 살아가고 있는
수많은 전국의 가족들 생각하며

지리산 최고 공기 왕산玉山 아래서 흐르는 엄천강 물소리 사랑하며
남아있는 길 상식에 부끄럽지 않게 밟으며 살아갈 것이다

# 나팔꽃 뉴스

나팔꽃은 은근히 수수하고
아름답고 참 예쁘다
타원형 둥근 꽃이 균형이 바르다

봐주며 시청료도 내는 주인을
어느 날부터 봉으로 취급하는지
중심 잃은 나팔만 불어댄 지 오래다

요즘 주인들은 다양하고
영리하고 샤프한데도

시나리오쟁이들은
머리띠 두르고 고함지른 이력에
기울어진 책상 위에 서서 양심에 화장을 한 채

나팔꽃이 딴따라 나팔인 줄 알고
지기들의 전유물인 양 착각을 한다

아,
뉴시스 공영방송 나팔들
언제쯤 공정균형 잡힌 아름다운 나팔
나팔꽃으로 보고 들을 수가 있을까

## 지리산 천왕봉

조상 대대로 살아온 지리산 산청군
지리산이 무슨 요새인지 6·25전쟁 전후하여
김일성 부대도 천왕봉에 텐트를 쳤고
국군 11사단 9연대도 산청과 거창에 텐트를 쳤다

견벽청야堅壁靑野 작전으로 국군들이 벽을 쌓아
빈 들판 만들어 죄 없는 산청 함양 거창 사건
양민, 농민들 1,400여 명을 학살이었고 (51년 2월 7~11일)

할아버지는 국군의 정조준 총에 맞아
억울하게 산화하셨는데
할아버지 등에 업혔던 10개월 어린아이
어떻게 살아났는지? 생존 이야기가 단절되었다.
생시에 아버지도, 어머니도
아무런 이야기도 해 주시지 않았다

짐작한다
그 끔찍한 추억을 기억하기 싫었을 것이고,
아무런 도움도 되지 않을 것으로 생각하셨으리라

아, 고향 山淸 지리산은
질곡 애환의 함성들이 지금도 지리산을 부둥켜안고
천왕봉도 통속通俗하며 슬픈 눈물 참아내고 있구나

74년이 되었어도 이 나라 법法 만드는 사람들은
외면하고 있지만 오직 지리산 너는 알고 있을
용서, 화해, 해결의 시나리오를

## 꼬리표

하늘을 올려다보면
수만 가지 사연 담아
흐르는 구름

항아리 같은 마음속에서
좋은 생각들이 출발하여
감동이 솟으면

왜 내가
살아가야 함의 실체를
만날 수가 있을 것이다

보고 느끼는
생각 속에, 마음속에
출렁출렁 흐르고 있는 존재의 지금

행복함의 유일한 희망
미래인 것이다

## 하나도 아깝지 않아

당그래산* 저녁노을 아래
기와집 굴뚝에서
모락모락 피어오르는 연기

어머니 주름살같이
차곡히 쌓인 긴 세월의 생각

간절히 자랑하고 싶은
넘치게 받은 사랑을

본심의 순결한 마음으로
털 푸이 주름처럼 안아서

눈目 비빈 그릇에
소복이 담아주고 싶다

* 당그래산 : 시인 집의 뒷산

## 비雨

하늘에서 떨어지는
비는 비가 아니다

기와지붕에서
주룩주룩 떨어지는
빗소리는 물소리다

캄캄한 어둠인 줄도 모른 채
처량한 외롬인 줄도 모른 채

생각도 적시고
마음도 적시는데

담장 위 정원의
철쭉, 국화, 맨드라미
나리, 장미꽃 들은
자연의 비 맛을

강아지가 배고플 때
밥을 반기듯 귀요미 흔들며

행복한 듯 좋아서
빨갛게 하얗게 파랗게 웃고 있구나

# 삶길 산길

세상에는 무수한 길이 있다
힘으로, 가슴으로, 마음으로 걷는 길
이 길은 누구나 걸어본
상상의 좋은 보통 길이다

삶을 살아보니 등산길은
내가 원해서 걷는 산길이지만
삶의 길은 어렵고 힘들고 눈물 같은 길이더라

포물선 곡선 같은 자연법칙 운명 길은
올랐다 내렸다 10년 주기 속에서
어려움은 함께 할 수가 있어도
기쁨은 늘 같이할 수가 없으니

내가 너로 향하는 길은
포물선 꼭짓점에서 활짝 웃어볼
그 마음 그 삶을 희망으로

오늘도 내일도 이미 걸어본 산길처럼
단련된 마음과 목멘 신발을 신고
걸을 수 있는 수칙의 보통으로 살아간다

## 새끼를 꼬며


비가 촉촉이 내리는 날
누런 볏짚 북띠기가 물구나무를 서면서
철퍼덕 철버덕 내동댕이쳐진다.

차롬해진 볏짚이 아버지 엉덩이 옆에 눕는다
발가락 사이에 꼭 안긴 채 Y자 모양으로
두 손바닥을 빠르게 비비면서 회전시킨다

아버지의 양손에 맡겨진 그녀들
왼쪽에서 오른쪽으로
앞으로 위로 밀어 올리며 속도를 낸다

사삭사삭 소리로 아우성을 불어내면
아버지는 침으로 양손에 작은 옹달샘을 만들어
목마른 그녀의 허기를 달랜다

한결같은 쪼임 상태로
팔자 내기로 꼬는 새끼줄
알맞게 공간 찾아 계속 길어진다

아버지의 손바닥이 새까만 짚 때로 반짝거릴 때
수북하게 쌓여가는 새끼줄 뭉치

북띠기도 묶고 초가지붕 새 단장도 하였으니
행복했었던 고스란한 추억 샘
아버지의 사랑, 새끼줄로 끝도 없이 밀려온다

## 달빛 체온

까만 밤이 내려앉으면
작은 촛불 하나를 켠다
마음이 녹슬지 않도록

숨죽인 창가에 달빛이 앉고
고요한 숨결 위로
이슬 맺힌 새벽이
한 겹씩 샐빛으로 밝아온다

세상의 소란은 문틈에 두고
찻잔 속 따스한 온기 같은
하루를 천천히 들인다

## 아까시나무의 추억

60년대의 아까시나무 지금의 아까시나무
참으로 많은 차이가 난다

가난했었던 60년대 시절
산 정상까지 화전 밭을 일구어 농사짓던 그 시절

비만 오면 검붉은 황토가 쏟아지고
산사태가 나니 가장 빠른 사방사업의
가장 적합한 아까시나무와 오리목 나무
지금은 밀려나고 있는 나무이지만

이들 나무가 있었기에 산사태를 예방하였고
오늘의 밀림 같은 푸르른 행복이 있고
탄소배출의 녹색이 있는 지금의 산 산 산

하얀 아까시나무 꽃과 솜사탕 같은 향기를
추억의 그릇에 담아 대한민국 녹화綠化 공신

산림 녹화의 원로 님들께 임학도로서
존경의 마사지 향으로 드리옵니다

# 역사

땅속 깊은 곳에서 숨 쉬는 그대는

천만년 기왓장의 집을 짓는다

뿌리로 자라서 민족의 호흡을 붙잡는다

뿌리를 알아야 머리가 역사가 되나니

뿌리는 역사를 만들어

민족이라는 국가 속의 국민이 존재하는 것이다

얽히고설킨 긴 역사를

가장 비옥한 뿌리로 말하는 것이

민족이고 국가이고 국민인 것이다

잊지 않아야 역사가 된다

## 뜨는 해 지는 해


태양은 뜨고
어둠은 다시 진다

굽은 골목 따라
시간은 몸을 접었다 편다

낡은 길 위에
새 길이 자란다

우리는 늘
끝에서 시작한다

## 인생 회고

세월이 쌓이니 당연히 나이도
지리산 골짜기 주름처럼 쌓인다
정상적인 사회생활은 보통 남자들은
군軍 제대 후부터 삶의 전쟁은 시작된다

어떤 때는 눈물도, 어떤 때는 무게도 잡았고
어떤 때는 선출직으로 모임을 매월
20여 군데를 하면서 삼겹살 먹는데
가위는 독차지하기도 하였으며,

설, 추석, 생일은 물론이고
수시로 번개를 쳐 주어야 했고
이렇게 저렇게 후회 없는 삶을
살아온 것 같았는데,

세월 70을 넘고 보니 주렁주렁 부분들이
열정 과욕과 미래 부족 함이
소나무 껍질같이 군더더기 기억뿐이니,

저 많은 "공로패" 들이여(15개)
살아온 삶의 의미는 어디에 있을까
인생의 삶이라고 혼자 만족할 뿐인데

내 맘의 냄새는 낯선 향기로 차오르니
세월에 익은 내 인생
늦은 겸손함의 도서관이 되고 싶다

# 친구

60갑자 돌아 넘으면
이십년지기, 삼십년지기,
사십년지기, 오십년지기.

세월은 친구라는 울타리 삶의
그림자를 묶어서 차곡차곡 쌓아 준다

하찮은 일로 인해 수년이나
외면하며 지내기도 하였고
좋아하면서도 속마음을
추잡하게 숨기면서 태연한 척한다
소주잔 마시듯 예사로이 있었다

인생 레일의 종착을 앞에 두고
봄날 아지랑이 연상하듯 고해한다

세상 살아갈 여생에 묵은지 된장 맛 같은
반성된 情들이 살아나
가슴속에서 주안상 차리고
안주 삼아 시선 마주하며 축축이 마신다

## 코스모스

아무것도 잡을 수 없는 남루한 초조함이
한바탕 설움으로 번질까
등줄기까지 당겨야 하는 가을의 자존심

야윈 긴 목만 흔들거리는
아무런 비밀도 간직하지 못한 허기진 기억들이
10월의 낯익은 햇살을 즐거운 듯 툭툭 털고 있네

마음 한 귀퉁이에 향기를 일으키고는
드러누운 들판 위로 바쁘게 지나가는 바람

안경을 간질이며 하얗고 빨간 꽃잎으로
알 수 없는 미소만 날리고 서 있네

# 호랑나비

메리골드 꽃에
애무하느라 정신이 없다
독특한 박하 냄새
꽃향 잎향 흠뻑 들이마신다

문 열어 두었더니 들어와서는
쉬었다 가는 줄 알았는데 유리창 들이받고는
이내 갇혔음을 인식하고
들어온 걸 후회하는지 날개를 파닥거린다

마음 약한 나는 날개를 잡아
밖으로 날려 보내주었지!
뒤돌아보지도 않고
"이이고 식겁했다"

호랑나비는 창공을 훨훨~
고맙다는 몸짓 인사도 없이
두 날개 흔들며 줄행랑쳐도
콩닥콩닥 예쁘더라

# 홀로되기

하늘 올려다보면
수만 가지 제 사연 담아 흐르는 구름

항아리 같은 마음속
좋은 생각들이 발효되어
감동이 솟으면

왜 내가
살아가야 하는지에 대한 실체를
만날 수가 있을 것이다

보고 느끼는 마음속에
숙성되어 가는 삶의 이치
곰삭은 행복이란 비교가 아닌

오롯한 나 자신과의 만남 이기에
홀로 산길을 걷는다

## 단풍의 시간

멀리 갈 것도 없이
함양의 상림 숲 하림 숲보다도 더 거창하더라
11월 9일의 태양에 50, 55, 45의 나이테는

지리산을 뿐질러 앉힌
낮은 산 산 산 나무 나무 나무들
함양山 거창山 유채화로 그려둔 듯
황홀한 단단풍 홍단풍 상수리 낙엽송 은행나무

단풍에 취해 인생이 합창한
우와~ 탄성 탄성에
인연 끈의 긴긴 세월이 지나도
30센티 마음속에, 가슴속에 저장되어
평생 추억 할 거 같다

인연 태워 단풍 구경 산속 꼬부랑길
좋아 좋아 달리고 달렸던 함양산 거창산
터질듯한 고무풍선의 짜릿짜릿한 아우성 이였다

먼 산엔 하얀 눈이
눈앞엔 단풍에 걸쳐진 빨주노초파남보

호랑이 범이 팍! 씹어갈* 만큼
머리에서 발톱까지 힐링 피가 만세를 부른다


* 서부 경남 사투리로 할머니 세대가 통상으로 말썽부린 자녀들께 욱~하시
 던 말

감자꽃 침묵

제2부

# 감자꽃 침묵

## 감자꽃 침묵

땅 위로 번지는 하얀 숨결
그저, 세상의 무게를 견디는 일

말은 끝내 입술을 떠나지 못하고
핏줄 같은 가느다란 생명의 선을 따라
깊은 흙 속으로 침묵이 흐른다

어둠 속에 깃든 생명은 조용히 자란다

불타는 것은
언어가 아니라 육신이다
태워야 비로소 뿌리를 남긴다

모든 외침이 지하로 침잠할 때
비로소 땅은 생명을 잉태한다

# 백두산 천지 앞에 서서

2천 9미터 하늘 가까이
1,442계단 숨결을 딛고
푸른 천지가 눈앞에 펼쳐진다

잔잔한 물결 위
호랑이 눈동자 같은
깊고 엄숙한 고요

이 장엄한 풍경 앞에서
가슴이 저미지 않을 이
감동에 무너지지 않을 이
과연 누가 있겠는가

영험한 그날
2025년 6월 26일에서 27일
하늘과 나, 하나가 된 이틀

둘레 13.1킬로
깊이가 373미터
넓이 9.8평방킬로미터
이곳은 불의 심장이 식어
하늘을 품은 성지다

서파 남파 북파
수많은 발자국들이
오늘도 오르고 내린다

눈은 황홀에 젖고
가슴은 벅차다

천지여!

나는 오늘
한민족의 혼으로
엄숙히 고개 숙인다


• 산청 백두산 클럽 (2025.6.25.~29.)

# 다뉴브강

다뉴브강의 신발 상象
1944년 나치 학살
영원한 침묵의 끝이 역사인 줄 알았는데
2019년 두 번째 신발의
침묵이 다뉴브강에 또 떠내려갔다

강제적 학살의 침묵이든 사고적 침묵이든
다뉴브강은 화려한 불빛만큼
강물 속은 썩어 문드러지는 통곡의
아우성뿐이다

헝가리 부다페스트여
안전 없이 돈 벌어 쌓이는
그 돈 통장이여 떠내려간 신발들의 원혼들이
또 부르는 소리가 들리기나 하는가

다뉴브강은 침묵의
검은 불빛이 되어 버렸다

울퉁불퉁 몸부림치고
억울한 원혼들은 목이 잠긴
원한의 침묵으로 흐느낀다

- 2019.5.29.
  헝가리 부다페스트 다뉴브강에서 유람선 침몰로 한국 여행객 21명이 사망 실종, 생존 9명의 대형 사고 발생

## 갑과 을
### - 월급 주는 자와 받는 자

오늘은 알 수 있고
내일은 모른다
이게 을乙이다

내일도 알고 모레도 알고
지금도 다 안다
이건 갑甲이다

사업장에서 심장은 펄떡펄떡 뛰고
무궁 무진장한 의욕들이 용암 같다
이게 갑甲이다

갑은 을을 맘대로 당길 수가 있어도
을은 갑을 당길 수가 없다
다만 을은 갑에게 열중하여 보고만 할 수 있다

갑과 을은 마음속 양심으로
푸른 노력의 진실함과 상생으로
고속도로 같이 한 방향으로 달릴 수가 있어야 하고

갑과 을은 서로를 손잡는 화합으로
오늘도 내일도 뻗어 나가야
존재할 수가 있는 유일한
상식이고 원칙이고 진리인 것이다

# 겨울비 내리는 사연


캄캄한 겨울밤 비가 내리는 이유는
추워도 춥다고 말 못 하고 싫어도
싫다고 말 못 하는

앞에서 뒤에서 따로따로 틀리고
다른 호흡을 마구마구 뿜어 대고 있으니
그 입이 입인가 그 말이 말인가
그 원칙이 원칙인가 그 법이 법인가

에라~ 모르겠다 검은 보따리 같은
캄캄한 겨울밤에 헝클어서 득을 볼
상식 없고 원칙 없고 사회성이 부족한

구름 속에 비겁하게 숨어있는 뭉텡이들을
지워 버릴 유일한 자연 도구
캄캄하게 묻은 빗물밖에 없으니
마구마구 줄 세워 흥건히 내려라

## 그대 빛이 되어

한 줄기 빛으로
문틈 뚫고 들어와 보니

푸른 초원 위에
잠든 이 누구인가
아무도 대답이 없네

돌 비석에 새긴 이름
잠들게 할 암호

아픈 뼈 신은
통곡의 고무신

위패 봉안각*
억울한 386위 영령의 한

촛불과 희망 사이
빛으로 든다.


* 산청 함양 사건, 억울한 희생자 위패 모셔 둔 곳

# 물레

행동에는 의도가 있고
현장에는 증거가 남고
생각에는 희망이 산다

마음속에는
늘 되감고 되푸는

속으로, 밖으로
한 올 한 올
물레가 돌아간다

## 버린다는 것

세상에서
가장 개운한 것은
온갖 더러운 오물을
쓰레기통에 버리는 것이다

버리고도 기억에 응고되어
영원히 남는 것은
마음(心)에서
사람을 버리는 일이다

## 그리움

하늘이 있으니
하얗고도 파란 구름이 있고

침묵하는 땅이 있으니
수 억겁 그리움 심어진
말 없는 山도 있다

소금 같은 그리움이 있고
거미줄 같은 생각이 있으니

고단한 생각하는 힘이고
사다리 같은 삶의 법칙이다

# 봄 날개

시린 2월이 지나가고
풋풋한 연두 사이로
방실한 꽃망울은 감춘 채

3월이 자라고 4월의 새싹들이 소곤 대면
벚꽃 향, 자목련, 아카시아 끼 부릴 날 다가오고
기다리는 새소리 희망 솟는 봄날은 온다

찬 기운 빠져나간 그 자리에
산수유 노란 가족 햇빛 한 움큼
아지랑이 봄날에 꽃망울 기다려진다

힘들었던 가짜들 갑질 날 다 가버리고
세계 민주국가들의 따뜻함이 다가오면
희망찬 산 앤 청에서 감사의 날개를 달고 싶다

## 산청 山淸

지리산 속 감이 빨갛게 익고
천왕이 새 공기 뿜어 대니
오봉계곡 청정수로 마음을 씻는다

구름 머리에 두르고
천왕 기氣가 지켜주니
엉덩이 붙이고 사는 산청

대원사 풍경 소리
왕산 망경대
동의보감 한방촌 기 바위
문익점 목화 성철스님 생가

울퉁불퉁한 마음도 잘 다독여 주니
약 향이 널린 보고寶庫
500조 원 깔린 지리산
산청 힐링 산천은 산청이다

# 상사화相思花

조용한 숲
산속에
껍질에 세월 녹은
큰 소나무 옆에

외롭지만 화려하게
맨몸 보여주며
분홍 꽃 피우는 상사화

잎과 꽃은 만나지 못해도
잎은 잎대로 그립고
꽃은 꽃대로 그리워

그리움만으로도
빨간 사랑 보여주는
상사화여

꽃 피운 사랑은
땅속에서 나누었는가

## 생활 속의 비

세상 사람들은 날씨 이야기에
남녀노소가 다 같이 무한의 관심을 가지게 돼 있다

비가 오고 안 오는지에 따라 사업과 장사의 희비가
파도처럼 태풍처럼 존재한다

비를 맞는 사람은 삶의 현장에서
도리깨질만큼 간절함이 있을 것 같고,

오는 비에 우산을 쓰는 대부분의 사람은
삶에서 번갯불같이 바쁘게 인생을 사는
사람들이 많을 거 같다

날씨는
영원한 화제
비가 와도 안 와도

## 아무도 없네

집하고 7분 거리에 밭뙈기 하나 있는데
그 동네 사람보고 농작물 그냥 심어서 무라고
부탁을 해 봐도
세상이 그렇고 세월이 이러하니

산청 농촌도 통장이 가득하고
인생의 세월도 7, 8십으로 가득 차고 있으니

부러울 게 하나 없고 아쉬울 게 둘도 없는
대한민국 오늘의 부자 농촌이다

목 매인 땅, 지주地主의 헛생각만
바쁘고 외롭다

# 위패 봉안각*

태양은 제 자리에서
5천5백 도의 태양열을 발산하며
지구에 뿌리며 사는데
달은 태양을 모시며 빙글빙글 돌고 돌아

추석이라는
천연 자연 명절을 윤회로 만든다
추석날이 절 받는 날이고
추석 명절이 반가우면서도 콕, 콕, 슬픈 날이다

"억울하면 출세하라"
속담이 있었지만,
억울해서 두 번 죽지는 못하고

이 나라에 이 세상에 허공을 나르며
향연香煙의 울통을 삼킨다

울퉁불퉁의 불편한 고정 좌坐로
386위의 위패 영령들은

절을 받는다 재배의 절을
울컥울컥 마신다.

* 산청 함양사건 영령님들 위패 모셔 둔 곳.

## 장동檣洞 마을* 고샅길

지리산 산청군 금서면 주상마을
옹기종기 7 군락 모여 사는 전통의 장동마을
장동, 새터, 범천, 강회, 동뫼, 세금정, 모양지
좋은 지명을 다 가진 고샅길 부자 마을

*구상 팔장 삼 왕후, 천하 명당마을
인심은 무한히 후하고
살기가 지리산 천왕봉 정기 업고 후덕한
전국에서 잘 살아가고 있는 총생들이여

수천 년 자자손손 이어져 온
장동檣洞마을 꼭 지키며
집마다 웃음 잡고 소통하며
잘 살아가고 있다.

* 장동檣洞마을의 유래: 2025년 1월~현재 주상마을 이장이 됨
  구상 팔장 삼왕후란, 9재상, 8장수, 3왕후가 난다는 장동마을의 전설임, 이 여송을 따라온 왕용자 등 사방각지에서 여러 성씨 들이 다투어 들어와 큰 마을을 이루고 살고 있다. 舟上은 배를 매기 위한 돛대의 터를 찾기 위하여 수천 년이 지난 아직 못 찾았으니 희망으로 살아가고 있는 주상마을의 별칭 이름임

## 죽어야 시작된다

하늘에 매달린 땅
땅 위의 살아있는 모든 것은
반드시 죽는다

죽는 것으로부터
새로운 역사는 시작된다

인간은
이런 가장 쉬운 원리를
죽기 살기로 혹독하게 반죽한다

생존 경쟁이라는
문장으로 포장해

발버둥 치며 욕심 전쟁을
어진 마음으로 살기 위해 마감한다

# 청바지

청바지를 입기 시작하니
그동안 수십 벌 사둔 바지는
도저히 입기가 싫어졌다

청바지는 원래 1870년대
광부들의 옷이었는데
문명이 기하급수로 발전된 경제 시대엔

거지가 부러워서 부러운 게 아니라
일상에서 독특한 거를
해보고 싶은 충동의 소환 적
발전이 아닐까 한다

청바지 주머니 아래에 쇠붙이가 부착된 것도
광부들의 옷 역사를 소환해 둔다
청바지 전성시대 푸른 젊음의 상징성은
언제 끝날지 모른다

## 치매

20~30년 전 젊은 날의
멋진 추억만을 기억하고
방금 식사한 것은 기억을 못 하니

머리에 얹혀있는 뇌腦는
알다가도 모를 일이다
할미꽃이 늙으면
흰 날개를 펴고 날아가듯

자기가 가고 싶은 데로
젊었을 때의 아름다운 추억을 안고
훨훨 날아다니니

자유분방한 치매에 우리는
긴장하고 겁은 먹되
사랑만은 잃지 않아야 한다

# 침묵

하늘에 집 짓고 사는
하느님이 계신다면
땅에 발 딛고 살아가는
촌놈 시인도 있었다

본래는 하늘도 땅도
성스러운 침묵이라고
알고 있었으면서도

낮게 낮게 살아온
하얀 촌놈 시인은
외롭다고 화火 내며
고함 내 지르고
마구마구 대들어도

역시나 하느님은
솜 같은 따뜻한 침묵으로
잘 다독여 주었다

## 지지 마라

넌 마음이고
넌 사랑이고
넌 희망이니

꽃, 피고 나면
하늘 같은 무한 사랑
독차지는 하겠지만

언젠가는 고개 숙이고
땅으로 떨어져야 하니

좋아서 날 따라온
노란빛과 함께
거기에 늘 있어 주거라

# 힘 力

사람, 권력, 자본, 자연의 힘
인격, 기술, 믿음, 사랑의 힘
자유와 민주의 힘!

무궁 무진장한 수천만 종류의 힘은
반드시 소금처럼 존재한다
지구상의 되고 안 되고의 모든 결과는

힘의 전쟁에서 승리한 사람만이
정치권력자가 되고
자본 소유자가 되고
리더의 힘을 가진다

목적한 삶의 건강한 힘을 길러야
어떠한 4차원 세상이 와도
살아남을 힘 운명 오늘과 내일의
미래가 약속될 것이다

감자꽃 침묵

제3부

# 텅 빈 그리움

## 지리산의 눈雪

하얀 눈 덮인 말 없는 지리산을 보면
온 근육이 오므라든다.
온몸의 피가 파도를 친다.

산청 함양 거창 사건의
군인들 생각하면
총소리가 또 심장을 쏘아
숨 거두는 억울한 양민들의
신음 함성들이

환청이 총알 되어 심장을 후벼 파고
지리산을 더럽혀서 74년 세월 흘러갔으나

분 삭인 맘 서주리에서 중매재에서
뻐끔담배 시늉하며 지리산 속에
묻어두고 내려놓고

환청도 억울함도 흥얼흥얼 마시며
지그시 살아가라 하네

## 텅 빈 그리움

세월 꽉 찬 지리산에
살다 죽은 천년 주목

눈 덮인 깊은 산에
불탄 가슴 위로하듯

그리움은 메아리로
파란 옷 갈아입었다

천년 주목
고사목에 매달려
이름값 손 흔들며

침묵으로 미소 짓다
계곡 주름 채워 주고
서서히 멀어진다

# 관계 상식

계절이 바뀌는
우주 법칙 속에는 노력 외에도
삶의 운 때가 우연히 날아 박혀
부자도 되고 가난함도 있는데

환상적 인생과 필연적인 삶의 수명은
검고 희고 파랗게도
왔다 갔다 쑤시 밤나무가 된다

핏줄이 살점이 씻기며
비좁은 핏줄을 통과한 후
만들어지는

법칙과 사랑이 정리된
너와 나 그리고 우리들
상식적 관계가 먼저이다

詩人이
이런 보통 상식의 용어를 기다리는데
코로나가 창궐하는 때 안하무인 눈엣가시
콕, 찔리는 권력자 그 사람은 누구인가

## 일편단심 독도

바닷속에 출렁이며 얌전히
홀로 주저앉은 섬이라
외롭고 슬픈 너의 사주팔자
쭈뼛 하늘을 보며 살지만

무궁화꽃 뿌리가 바닷속으로
당당히 애초부터 연결되었으니
조금도 외롭지 않을 건데

왜 그리도 너를 욕심을 내는지
참으로 잘생겼나 끼가 많나
넌 바람피우지 않을 거라고

5천만 국민은 확신 한다
천년만년 너를 믿는다
옆 동네 바람둥이가
아무리 유혹해도 흔들리지 않을

넌 얌전하고 은은한 의리의
무궁화꽃의 뿌리가 아닌가
대한민국 역사
국토의 이름 독도!

일편단심 그 자리에서
흔들리지 않을….


• 2012년 8월 12일 일본이 박종우가 올림픽에서 독도는 우리 땅! 글 들었다고 싸움 거니….

## 단애 單愛

그대에게 가는 길
멀기만 한데

이맘 외길이라
되돌아갈 수도 없고

섬 같은 마음 하나
운무 깔린 길 서성인다.

## 미로 마감

하늘 아래
갈 수 없는 곳도 있었지만

내 마음 그 마음
이제는 가고 올 수가 있을 거야
미로 같은 세월 걸어왔으니

달빛 그림자 자존심 하나
눈칫밥 보자기 던져 버리고
잃었던 길 다시 찾아

이제는 희망
두 손 만세 그리며
희망의 함성 외친다

# 반딧불

먹물, 캄캄한 밤
신비한 빛 선물하려고

적막한 어둠의 들판 속에서
반짝반짝 집중시키나

수컷, 정사를 치르고 죽고
암컷, 알 낳고 죽는데

자기희생 장엄히 하면서
반짝이고 사라지는 반딧불이

캄캄한 자기 욕심만 채우는 이 세상에
반딧불을 가슴으로 후루룩 마시며
기침 한번, 하늘 한번 콱! 베어 먹고

영롱한 빛으로 뿌우우 뿜어주는
정직한 그런,
그런 세상이 그립다

# 별이 내려온다

봄날 가득히
꽃향기를 뿌린다

하늘에서는
눈치가 보였는지

아니면 밤새도록 속삭인
내가 마음에 들었는지

땅으로 내려와
지리산만 바라보는
내게 눈 맞춘다

앞가슴 내밀며
입 맞추러 내려왔다

입 맞춘 봄별은
마음은 머리에 걸어두고

입김 풀어 둔 햇살 증기 타고
엄천강물 위로
앗싸 야로 떠내려간다.

## 사랑받고 싶으니까


생각을 청소하고
거울을 아래위로 비벼보니
좋아서 행복해질 희망이 보인다

어느 시절이던가
비단결 같았던 마음은

터질 듯 감동 주는 뭉게구름 속에서
사랑은 파도처럼 가슴 설렘으로

네가 내게로 달려온
지난 삶을 돌아보며

SNS 통신 내려 보고 숨 고르며
눈을 감고 조촐히 서 있다

# 생각

많이 하면
복잡해지고

작게 하면
허전하고

안 하면
맑아진다

우리들
세상사의 소금이다

# 수선화

창가에
산기슭에
정원 갓길에서
기품 있게 피어있는 너

노란 웃음
하얀 웃음
조건 없이 보여주는
수선화야

네 웃는 얼굴엔
너의 꽃말인 자존심이
내 마음엔 비밀이 꽃 핀다

## 입을 맞추다

천둥 치니 비가 온다
입술은 침샘 폭포수에 헹군다

솟아나는 느낌은
30센티 가슴속의 소용돌이이고
펄펄 끓는 심장이다

쿵쿵 뛰는 가슴은
키 큰 배구 선수의
강스파이크같이 후끈하다.

번개같이 돌고 돈 군침들은
이빨속으로 줄 서서 녹아든다

## 자연사와 자살

산속을 헤매다가
나뭇가지에 生의 마감 대롱대롱은
자자손손에게 자연법칙 거역의 죄를 짓고
살아갈 영원히 부끄러운 유산이고

自然死 100세 마감은
자자손손은 물론 건강한 상식으로
자연법칙 삶에 당당하고
선하게 순응하는 것의 차이이다

6.25의 국가 영웅, 100세 백선엽 장군
2020.7.11. 생의 마감과

64세 모 서울시장의 2020.7.10. 자살의
비교된 현상現狀이다

## 잔소리 안 하는 약藥


세상이 넓고 넓어
할 일을 많이도 했는데

아무리 잘해도 맘에 안 든다고
잔소리 소리 소리하니

AI에 겸손히 부탁해서
"잔소리 안 하는 신약"

신약 개발을 세계 최초로
의뢰했음을 고해 둔다

상수리나무에 붙은 매미 같은 생각이
큰 부자 대박이 예약되었다.


• 이 詩想은 함양 국유림임도 관리단 한춘상 반장의 아이디어에서 얻다

# 제주도

제주 4.3사건
추모와 국가 보상으로
제주도는
하나가 되지 못하고

지역 갈등의
함성 터가 되고 있다

역사를 진영으로
갈라친 후폭풍이
바로미터 민심이다
거창 사건
산청, 함양 사건은

순수한 양민의 희생 사건인데도
유족들은 전직 대통령을
소환하지는 않는다

어두운 과거사도
역사를 역사를…
국민은 다 알고 있다

역사답게 올바르게
공정하게 정리하라!!

## 짝사랑

西산에 지는
화려한 석양은

東산에 솟는 뜨거운
태양에게 서럽고

5~6월에 핀 장미꽃은
10월까지 피는
백일홍에게는
숨 가쁘게 부럽고도 서럽다

돌고 도는 자연의
상식 법칙인데도

늘 생각하고 그리워하며
외롭다고 생각하며 살아간다

생각은 인생의 소금이다

# 청사포

항도 부산 해운대 청사포 앞바다
몽돌 위에서 있으니
가슴이 트이고 마음도 트이는데

저 멀리 수평선 끝에
아련히 보일 듯 말 듯한
물결 위에는 윤슬에 스며진
몽돌들의 사그락거리는 애무 소리가

추억의 세레나데로
은은히 합창하는데

가물가물 보일 듯 말 듯한
대마도 앞 수평선을 좁혀진
Y 셔츠 단춧구멍 눈으로 샤워하며
바라보고 있으니

흔들흔들했었던 내 외로움은
울렁울렁 바이바이~ 사라져 간다


• 25.5.17. 산청 문인협회 해운대 문학 기행 즉석 백일장

## 칼랑코에


나는 아프리카에서 이민 온 지 십수 년
한때는 마다가스카라 섬에서
터전을 잡기도 하였으나

지금은
나를 좋아하는 토끼 닮은 좋은 나라 사람들이
따뜻한 심성으로
아파트 베란다와 꽃밭에서 키워주신다

도톰한 파란 잎의 싱싱함으로
주먹만 한 함박꽃을 자랑삼아
"설렘"이라는 꽃말을 둘러메고 살아갑니다

여름이 가고 가을이 오면 어른이 되어
겨울에는 주먹 같은 노랑 빨간 꽃으로
예쁘게 미소 같은 웃음 인사 올리겠습니다

## 플라토닉 러브

이슥한 야밤 귀뚜라미가 운다
두 사람이 눈 합쳐
뒹구는 그 소리 비벼대는 소리

귀뚜라미 우는소리
다가오는 발걸음 소리
소박한 숨소리의 다툼

비빈 눈을
앞가슴에 볼때기에 대어본다

쏟아지는 폭포수 같은 사랑이다

# 추석

가을이 부르고
가족을 부르지만

코로나 본부가
가족들을
멀리멀리 하라고 한다

아무도 없이
노老부부가
쓸쓸히 제를 올렸다

아무리 걸 싸도
가을 들판은 오고
추석은 지나간다

그리움을 깊숙이 간직한 채
이 또한 지나간다

# 금오도 비렁길*

여수시 금오도 학동 마을에 밤비 내린다
차 안에 침대를 만든 유영희 지점장 차에서의 하룻밤

자동차 천장 손뼉 치는 요란한 빗소리
캄캄한 금오도 바닷가의 낯선 밤

집 나온 운동화 부릎튼 양말 사이 발가락
비렁길 1, 2코스 4.6킬로
적당히 오르락내리락 시작부터 끝까지
바다만 붙잡고 걸을 수 있는 둘레길 최고의 길이다

심부름 온 그리움으로 밤잠을 설치고
방풍나물이 삶의 대안인 남면 학동마을

내가 너로 네가 나로 눈빛이 오고 간
지난날의 생각을 문지르니
심쿵한 여생이 금오도의 밤을 하얗게 녹인다

육지에서 섬이 그리워 콩닥거리며 추억이 될
7인 가족의 민박과 차박의 행복한 소화제* 였다.

* 비렁길 : 비탈길의 여수 사투리
* 소화제 : 소통과 화합이 제일이다

감자꽃 침묵

제4부

# 낯익은 낯섦

# 달과 태양
 - 정월 대 보름날에 붙여

언제나 태양太陽 씨 꽁무니에서
앞도 가려주고 그림자가 되어
후 주자로 살아왔다

그 빛을 하사받듯
지리산 위에서 동해 위에서
사모하며 살았다

자연법칙 속에서의 희망과 운명은
함초롬히 젖은 땀의 삶의 연속

위력적 빛, 그 힘에 별수 없이
짝사랑으로 녹고 또 녹았다

함박웃음 버무린 정월 큰 달에게
하늘 아래 만인들이
소원 빌며 희망 세우는 날

자존심 한번 세워 태양한테
큰 소리 두 번 세 번 마구 내 지를

푸짐하게 홍자 만나는
재수! 재수! 제수의 날입니다

## 낯익은 낯섦


남의 삶에 심부름 온 듯
낯설어지는 밤
오늘도 완성되지 못한
나를 잠깐 내려놓고

녹슬지 않도록
마음에 불을 켜 두어도
해 떨어지면 풀잎에
맺히는 이슬의 자연법칙

새벽이 지나고 새 태양이 밝아도
완성되지 않은 생각은 마감된다
생각은 인생의 소금인데

진주의 원로 시인은 나를
지리산의 맹주라고는 하는데
지리산 향기에는 익숙해도
내 마음의 향기는 아직도 낯설다

# 레지스탕스

단 6주 만에 나치 독일 히틀러에 철저히 점령당한 제2차 대전
프랑스 노르망디 작전으로 프랑스인들은 살아 있었다

제2차 세계 대전 때 프랑스에 완전히 패배한 히틀러는
철저하고도 비참하게 프랑스를 보복 하였으나
프랑스의 레지스탕스 운동의 활동으로
프랑스의 오늘이 있다

세상은, 권력은, 돌고 도는 자연법칙의 태양 아래 지구이다

우리 대한민국도 배워야 할 점이다

## 공개 바위

가파른 자락 지리산 그늘에
뒤뚱거리는 듯
포개진 5개의 자연 바위

공깃돌을 치마에 쌓아두고
어디에 마실 갔을까

자연 조화의 비바람 놀이로
수억 년을 같이 노닌
흔적의 산물일까

지리산 마고 할멈과
산 신령이 사랑싸움하다
도망가 버린 흔적일까

15.5도나 불안하게 기울어진 채
5.5도 기울어진 피사의 사탑이 부족하여
아시아의 사탑으로 만들어 놓았구나

돌을 감은 흙들은
사랑싸움 손길 질로 휘날려서
5개의 돌만 남았는가?

울룽울룽 주름진 계곡에
곡예사처럼 포개져 서 있는 5개의 바위
마고 할머니는 화를 풀고
오늘내일 공기놀이하러 나타날까

신비해서 찾아오는 산객들께
언제쯤 인사하러 다시 나타날까


• 경남 산청군 금서면 방곡리 뒷산 산속 경상남도 기념물 266호 지정
• 경상남도 류명현 국장님이 여기를 둘러보고 주변 정비에 관심을 둔다.

## 무능無能


나라를 일본에 바치고 국권 피탈 문서에는
왕으로서 서명은 하지 않았으나 이완용이 서명을 하였다 한다.

그렇다고
고종* "이형"의 책임이 일본에 나라를 넘긴 무능함
책임의 역사는 영원히 영원히 살아 있듯이

나병*환자가 옻나무를 피한다고, 피했다고
한센병이 나아지지 않았듯이,

지금의 나라 권력들은 자유 대한민국 이 나라를
잘 보존하며 잘 지키고 있는가



* 고종: 본명은 "이형"(1852~1919년) 44년 집권 (1863~1907)
* 1988년경까지 나병을 문둥병이라고도 하였고, 표준말은 한센병이다.

# 냄새 헌장

꽃 썩는 냄새는 땅속이 마시고
꽃을 보는 즐거움을 먹고사는 인간은
무슨 복인 걸까

양심과 정직함이 썩으면
필연으로 냄새가 나게 돼 있다
만약 꽃향기가 없으면
세상은 온통 썩는 냄새로 진동할 것이다

썩는 냄새로 인하여
냄새를 따라잡는 세상의 법칙들이 살아 있으니
정직함은 숨을 쉬고 둥글둥글 살아간다

썩음의 냄새는 이 세상 최고의 알림 왕이다

늘공 판공들, 부정과 썩음의 냄새여

상식을 움켜잡는 반칙의 왕이여

# 살아남은 아이

조상 대대로 살아온 고향 지리산 산청군

한국전쟁 중 국군에 의해
산청 함양 거창 양민 학살 사건으로
할아버지는 총에 맞아
억울하게 산화하셨는데

할아버지 등에 업혔던
10개월짜리 나는 어떻게 살아났는지
나의 생존 역사 이야기는 단절되었다
생시에는 아버지도 어머니도
아무런 이야기를 해 주시지 않았다

나는 짐작 한다
그 끔찍한 피의 기억을 하기 싫었을 것이고
내게 아무런 도움도 되지 않을 것이라고
생각하셨으리라

아, 산청, 함양, 거창 사건
고향 산청은 질곡 애환의 함성들이
지리산을 부둥켜안고 통곡하며

지리산 너만이 알고 있는
갈등 부셔내는 용서의 끝을

## 상식

하늘 아래 사람과 동물, 식물 들은
기본 속에서 태어나고 성장하고 살아가고 있지

태어나자마자 먹는 거 움직이는 거
성장하는 거 말하고 소리 내는 거

씨앗으로 번식하고 종족을 퍼트리는 거
특별히 가르치거나 지도하는 거 없어도
살아가며 기본의 상식으로 기계처럼 자동 터득된다

내 그것 아니라고 마구마구 써대는 짓을 하지 않음과
내 생각만 옳다고 주장하지 않음의 예의와 매너 등
열거할 수도 없을 정도로 무수히 많다

기본과 상식에서 누구나
자동으로 배움 되어 형성돼 있듯이

이런 게 바로 세상의 기본이고 상식인데
최고의 지능을 갖춘 인간들은

기본과 상식을 거꾸로 활용하는
빈 상식이 너무나도 많은 21세기를 사는 인간들이
쓰레기 무덤처럼 늘어나고

전쟁이 터지고 이념이 망치질 당하고 죽이고 죽이는 반칙을
상식처럼 휘젓는 위선자들이 구름처럼 늘어나고 있으니

아~
다 알고도 말없이 웃고만 있는
저 하늘 속 양심에 얼굴 구겨 부끄러움 새길 뿐이다

• 문예비전(경기도 하남시) 통권 125호(23.3.31. 봄~67페이지) 채택된 詩

## 삶, 공간

살아가는 삶을
인생이라 하면

밥 먹는 거는 자유
숨 쉬는 거는 필수

스트레스는 시계
사랑은 필수
갈등은 자연自然

울다 웃다 떨어지는
폭포수 물소리에
마음을 문지른다

# 권력의 자연법칙


수구 기득권
이걸 가장 혹독하게
논리 정연 비판해서 승리한 님들이

올챙이 시절의 뇌가 변해서
정의 공정 상식의 많은 것들을
포화상태인 쓰레기장으로 보냈다

상식 있는 지식인들이
양손 두 팔 올리며
거수기 허수아비를 아무리 비판해도
안하무인 내로남불이다

가장 정직한 역사의 진실은 흐르고
자동으로 저장됨을 알아야 할 것이고

오만한 뇌세포가 작동이 정상적일 때는
이미 때늦은 자연법칙일 것이다

## 날씨가 참 좋습니다

나의 첫인사는 날씨 이야기로 시작된다

소통의 1번 목록이다

처음 만나 악수하고 상대의 눈을 보고
날씨로 소통하면

두 마음이 쉽게 소통이 된다
이보다 더 좋은 공감이 되는 시작은 없다

"오늘 날씨가 참 좋습니다"로 시작 하자

## 詩, 뉴스 속에 살다


매년 11월 1일이 詩의 날 이지만
매일 매일 詩가 詩의 날보다도 더
전국을 벌꿀 발린 채 날고 있다

매일 채널 00번 9시 TV 뉴스에서
앵커의 호소력 있는 詩 한 구절 인용으로
시청자의 마음에 감동을 주는 詩

수천만 명의 시청자가 고개 끄떡여 공감하니
詩人의 자긍심에
詩心이 우러나는 시간이다

앵커가 詩 인용에 등장하는
뉴스의 주인공들은
인용되는 순간만이라도 귀담아들을까

詩를 이길 수 있는 사람은
상식이 캄캄한 자 외에는 아무도 없다
요샌 티브이 뉴스는 보지 않는다

# 왕산 망경대 비석

고려 공민왕 예의판서를 지낸
농은 민안부를 기리는 비문을
1633년 7월, 386년 전

산청군 금서면 주상마을 출신
민태혁, 민치온 두 분이 세우다

"선생의 성은 민이요, 휘는 안부 이시며, 호는 농은 이시다.
관지 예의판서 하시다. 자 두문동에서 남하 하샤
산음지 대포하시다.
매월 초하루에 이 산 등에 올라 님을 그리시며
개성을 바라보시던 곳이기에 후세인이 망경대라 하다.
 　　(송경은 지금은 이북의 개성임)
숭정 기원후(1,629년은 숭정원년, 명나라 년호)
5주째 되는 해의 안쪽에 있는 기유년이 1909년이다.
1909년 7월 00일에 비를 세우다 "(2023년 현재 114년 前)
후손, 민태혁, 민치온 님으로 이 비를 세운 사람이다(금서면
주상 마을 출신).
(판독 및 해설 = 漢학자 함양 김광수 선배 (금서초등 28회)

• 민안부: 경남 산청 閔 문의 시조이다.
머리글 동 72현 중의 한 사람으로 이성계의 조선 개국에 반대한 고려의 충신으로 천 리 길 남하 하다.
경남 산청군 생초면 대포리에 은신하며 아들에게도 벼슬을 못 하도록 하였으며, 충절의 상징 고려의 예의판서였다.
매월 초하루 보름날엔 왕산王山 중턱 망경대望京臺에 올라 개성을 향하여(옛 고려 수도) 절을 하였던 곳을 1909년(114년 전), 금서면 주상마을 민문들이 아래 사진의 비석을 세워 《망경대》라고 오늘날까지 부르며 이어져 오고 있다.

## 약자의 도구

하늘 아래에서 이뤄지는 모든 현상을
이 세상이라고 한다면

강한 권력이던 약한 힘이던
강자와 약자는 어차피 존재한다

강한 자는 늘 약한 자를 아래에 두고
약한 자는 강자 속에서 늘 송곳처럼 살아간다

자본주의 세상이든 사회주의 세상이든
상식을 앞세우는 약한 자의 유일한 힘은

사실을 글로 써서 세상에다 하늘 높이 용기 있게
글자 문학성의 함성으로 용기 있게 내 지른다면

상식의 양심에서 기회균등과
공정성의 원칙들은 고개를 끄덕일 것이다

문학 함성의 주먹 같은 표현은
약한 자의 분출하는 힘이 될 것이다

## 전 국민이 정치인

동방의 나라 5천 년 역사에
80년의 대한민국 선거 천국인 나라
세계 6위 경제 대국의

언론이라는 방송 신문 유튜브
수백 개나 되는 나라
뉴스가 천국인 나라

이념이 두개의 하늘로
확실히 갈라진 나라

내 이론만 말하고 네 정치 이론은
청聽 하려고도 하지 않는 국민

반대쪽의 권력자들을
감옥 보내야 파안대소하며
만족하는 국민인 나라

대한민국 성인 카리스한 국민 모두는
정치꾼이고 정치평론박사 수준이다

## 임도林道 산림보호 관리단


국가 소유의 山을 국유림이라 하고
산속의 길을 林道라고 하지
이 모든 땅과 산림 등을
보존 관리하는 기관을 산림청이라고 하지요

특수한 사람들만 다니는 임도林道
낮이나 밤이나 외로운 산속에서
야생 동물들과 산불의 길잡이로
긴장하며 사는 임도林道

등산객은 귀한 손님이고
임도 보호 관리단 11급 기간제들은
너무나 반가운 VIP다

낙석落石들의 애교는 기본이고
토사土沙들의 시위는
숨 막히는 무서움이지만,

산림직 늘공들은
하버드 출신들만큼이나 지독한 자부심으로
사법권 등으로 잘 지켜온 69%의 산
세계가 부러워하는 산림 부국을 만들었다

그 수많은 이야기 속의
사방, 조림, 벌채, 수종 갱신, 산불방지

숲의 생명 공기, 탄소중립, 국민 힐링으로
열심히 살아가는 일상의
애환 질곡 행복의 삶이 되고 있다

임도, 산림보호 관리단 기간제 님들은
함양 국유림 관리소의 서부 경남 12개 市郡
국유림 주변 산골 마을 주민들과

눈과 몸과 생각을 마주하고
河金 늘 공들과 저울같이 소통하며
땀 닦으며 편백나무 향기같이 회전하더라

## 천왕봉 비석에게

하늘 닿은 봉우리가
지리산 천왕봉인데 민족의 영산이라고
5천만 국민뿐만 아니라 전 세계인들도
다투어 찾는 지리산

산 오른 산객들은 어김없이
천왕봉 비석을 땀으로 매만지며
사진을 찍는 자랑의 증표가 된다

한평생 내세울 몇 가지 안 되는 자랑 중에
천왕봉 비석과 함께 찍은 사진이다

1,915미터 비석으로 태어나
땀으로 사랑받고 자랑질도 시켜주는
지리산 천왕봉 비석

세월의 무게만큼
수억 년의 자연으로 지리산을 지키며
수천만 명의 사랑 속에 영원히 영원하여라

지리산 천왕봉 비석 앞, 뒤

천왕봉 등산(50대 초)

# 전기차 수소차
 - 인구문제


나라가 가난에서 벗어나 새롭게 태어난 지 80년
석유 호롱불로 시작해서 석탄 전깃불과
바닷물 원자력 전기 세상으로 발전해서

경유 휘발유 시대에서 세계 10위 부자까지 됐다
전기 수소차 시대로 기술적 세상은 기하급수
번개 적으로 변해가는 데도

기술자를 만드는 정치하는 갑의
생물적 정신적 기술은 10년 전에 머물고
그 시절 좁은 데서 뒤뚱뒤뚱 왁자지껄 즐기고나 있으니

전기차와 수소차가 로봇하고 같이 사는
세상이 시작됐는데도 변하는 게 게으르니
국민을 핑계로 내편들만 옹호하게 챙기는
경유 휘발유 세대 정치인들이여

인구는 줄 것이고
일자리도 수천만 개가 줄어들 것이고
천지가 개벽 되는 세상이 시작되었다
이념전쟁에 함몰된 대한민국
"20년 후의 세상 유엔보고서"는 반드시 읽어 보기를

- 산청군의회 인구 감소대응팀 이영국 의원이 보내준 책자 참고(25.5월)
 30년 후에는 산청군 인구가 1만 명 예상(현재는 33,259명), 대한민국은 3천만 명 예상

## 太陽

세계 70억 인구를 보살피고
아름다운 의미를 주고 있으나
하루에 딱 두 번만 아름답다

태양이 뜰 때 웅장한 희망
질 때 석양의 아름다움

사람도 태어날 때 축복받고
죽을 때 엄숙히 모셔진다
사람이 얼굴에 주름이
지기 전과 지고 나면

검은 하늘의 별들처럼
깊은 숲속의 향기처럼
구겨진 마음속의 비밀처럼

인생 삶의 파노라마
이기는 사람은 아무도 없다

## 통일벼* 블랙리스트
  － 이제는 말할 수 있다

허기져서 배고픔을 경험해 보지 않은 사람은
도저히 알 수가 없을 것이다
70년대 그 세월은 지금의 60대 이상은
운명으로 태어난 삶의 젖꼭지는 2, 30대였다

채독의 쌀 모두 다 떨어질 5~6월 춘궁기에
먹을 것이 입에 들어갈 것이라곤 하나도 없는
채독* 바닥이 드러나 있었으니

인구는 기하급수적으로 늘어나고
나락 농사는 소출이 1마지기에 2섬이 한계점이었으니
턱없이 부족한 식량에 어찌 살아갈 수가 있었단 말인가

아뿔싸 하늘이 무너져도 살아날 묘수가 있었다
통일벼가 구세주였다
관공서官署마다 통일벼 재배 상황실이 돌아가고
농민들은 젓가락질도 잘 안되는 포슬포슬한 통일벼 밥을
싫어하였으니 국가 정책이 어찌 순탄하였으랴

구름처럼 늘어나는 인구 땅덩이는 누워있는 그대로이고
소출량도 서 있는 그대로이니 무슨 용빼는 재주가 있었으랴

5~6월에 하얗게 꽃이 피는 이팝나무를 보고
쌀 나무라 부르며 배고픔을 달래기도 하였던 70년대 그 시절

박 대통령 시절 허문회 교수팀의 녹색혁명
통일벼 30% 이상 증수되는 통일벼가 대안이었다
강제 동원 정책이 눈물겨운 통일벼 거부하는 농민 블랙리스트
산림법 위반 조사하여 마을 구장* 이장 통해 강추 하였으니
통일벼 거부하는 농민의 집
땔감용 임산물채취 약점 잡아 산림법 위반 조사하여
산림 공무원까지 동원하여 정책에 순응토록 하였던 그 시절
이제는 말할 수 있다!

보릿고개 없애는 오늘의 산업역군이었다고 말이다
어둠 속에서도 희망이 있었던 블랙리스트 그 시절
우리나라 오늘의 현재를 있게 한 과거사였다

이제는 남아도는 쌀, 쌀 보관 창고가 넘쳐나고
보릿고개 배고픔의 용어는 완전히 사라졌다
목구멍이 포도청을 넘었다
세계 250여 나라 중 6번째로 잘사는 나라

40년이 넘은 세월, 이제는 통일벼의 추억이
대한민국 식량 자급자족의 역사가 되었다
아들 딸들이여! 손자 손녀들이여! 지금의 유리온실 세대들이여!

통일벼 역사 소중한 식량 자급자족 역사로
정중 소중히 모셔 주기를 함성 울린다


* 통일벼 : 1970년부터 7년간 식량 자급자족하기 위한 대통령의 지시로 〈허문회 교수〉팀은 7년간 연구 끝에 1977년 면적당 세계 최고의 생산량을 기록한 녹색혁명, 보릿고개 없애고, 식량 자급자족을 이룩한 역사적 벼 품종임.
* 채독 : 식량을 담는 장독 그릇
* 구장 : 지금의 마을 이장

## 플라세보 효과


약국 약사에게
약을 타서 나오듯

문학의 삶에서
시詩를 먹는다
시 낭송을 먹는다

절망의 삶 환자도
희망이 되더라

나도 저렇게 행복하게
살 수가 있을까

# 하지 마

존경하지도 마!
미워하지도 마!

있는 그대로
보는 그대로

미움 없이 다가오면
당신이 바로 나야

감자꽃 침묵

제5부

# 파랑새

# 가을 들판

기분 좋아 웃음이 나온다
보조개를 만들며 함박 웃으니
행복함이 다발 채로
마음으로 들어온다

두 팔 벌려 드러누운 들판
황금색 손짓으로
너울 파도 되어 춤을 추니
감동이 물결 된다

## 파랑새*

낯설어지는 밤
심부름하러 온 인생 촛불이
내 눈으로 들어온다

촛불이 내 안으로 들어와
외로운 열정과 볼그레한 심장 사이로
북소리 요란하다

힘껏 손 뻗어도 잡히지 않았던
희망에 파랑새 한 마리
샛문 틈새 빛줄기와 손잡는다

익숙한 촛불이 온몸을 휘감고
눈 밖으로 튀어 나가

알파에서 오메가까지
황홀한 파티를 연다


* 파랑새 : 행복은 멀리 있지 않고 내 가까이에 있다는 것을 형상화한 새

## 파크골프

때로는 심하게 욕도 먹고
때로는 분에 넘치게 칭찬도 받으며
힘들게 배운 파크골프

껌뻑 잠길만한 그림 같은 자연
산, 들판, 꽃, 뭉게구름

화려한 겹겹의 단풍들과 어울려
황홀한 가을 수채화

홀인원 할 때 불끈 쥔 두 주먹
짜릿한 기분

행복한 여생 맛이 이 맛인가

# 국립공원 1호

1,916.77m 올라온 등산객들
수천, 수만 명을
맞이했을 텐데도

싫다는 내색 없이
지친 육신을 천왕이 쓰다듬어 주며

"산은 힘이고, 힘은 용기야"
묵직하게 말해준다

청정한 공기 실컷 마시니
가슴 탁 트이는 개운함

땀에 젖은 만족한 행복을
맘껏 퍼 주더라

# 단풍 데이트

햇살에 물든 이파리
설레는 마음 따라 춤을 춘다

따스한 바람 사이
손끝 닿은 온기로 사랑이 피어난다

높은 하늘 가르며 날던 새
가을 향기 가득 안고
우리 어깨 위로 내려앉는다

붉게 물든 단풍 아래
달그림자 살포시 웃고
작은 술잔에 기쁨이 넘친다

서로를 바라보는 눈빛에
말없이 흐르는 멜로디
환한 웃음 속 눈물이 반짝인다

# 비가 온다

떠밀려 온 봄인지
그 무게 가누지 못해
하늘에서 낙오된 너

나뭇가지에 노란 젖꼭지
애교 부리는 데는 도움

박수받는 너

고마운 사람들도
싫은 사람들도

모두가 하늘 아래
촉촉한 새싹 섬이다

## 산채비빔밥


넘을 수 없는 갈등의
큰 산이라 해도

생각의 소금밭에서
겸손히 한다면

산나물 비빔밥으로
화합할 수가 있다

산채山菜로 비비는 우리를
외국인들은 놀라 자빠지고 있다

# 섬

섬은
섬으로 생각할 땐
외로움이다

섬에는 뭐가 있고
누가 있을까

아무도 없을 수 있고
상상하는 모든 것이
있을 수 있고

이래서 섬은
상상한 저녁연기 같은
생각을 헹 궤 낸 종이

복합 상상체의
가장 잘 이용하는

뭇, 문인들의
수첩이고 마음 샘이다

# 쉬지 않는 정성

싹이 트는 봄에도
태양 끓는 여름도
오곡 익는 가을도
차디찬 겨울날도

그림자가 하나 되는
쉬지 않는 정성으로

정으로
단물이 배이고
마음에서 향기가 나는

나는 너로 너는 나로
숨바꼭질하지 않고

마음과 정성이
쉬지 않는 사랑이
진실한 사랑이리라

## 알바트로스(Albatross)

날개가 4미터나 되어
하루 종일 날 수도 있는 새

일반 골프로 성취할 실력은 하늘에서 별 따기
0.06% 확률 기적의 골프이지만,

가끔은 할 수가 있는
힐링 되는 쓰리 언드의 알바트로스

지금 대한민국의 대세인
파크골프만의 매력
신이 내려준 알바트로스를 위하여


• 시인은 파크골프 1급 지도자 자격을 취득함

# 자랑섬

　해운대 하면 우리나라 국민은 물론이고, 전 세계적으로 매력을 갖는 도시의 이름이고 지리산 하면 수백조 원의 힐링 가치를 자랑 할만한 곳임은 이의를 달 사람은 없을 것이다. 삶을 생각하며 태어난 고향은 산청이라는 지리산 기슭의 한적한 농촌 마을이다. 山에서 누구의 눈치를 보지도 않고 맘대로 쑥쑥 뻗으며 싱싱함을 자랑하는 지리산 칡넝쿨 같은 자연 삶은 인생에 주어진 운명적 기회였다.

　진주에 있던 기업, 대동大同의 간부직을 미련 없이 두려움도 없이 불쑥 사표를 던지고는 38세의 젊음에 자신감에 넘치는 겸손치 못한 결정으로 미지의 해운대로 3가족을 이끌고 당당히 주소지를 이동시키고 해운대 바닷가의 해수욕장이 보이는 그곳에 제2의 삶을 시작하였다.
　통상적 굴곡적 삶으로 등산길 같은 25년을 살았고, 지리산 산청으로 행복함을 안고 귀향해서 되돌아보는 지금, 사실은 해운대는 온통 바다의 낭만적인 운치만 있는 곳은 분명히 아니었다.

　낭만적인 매력도 있는가 하면 삭막한 빈부의 질투도 있고 독특한 한국인의 거품 적 자존심도 가득한 42만 인구에 16만 2천 가구의 신도시新都市가 만들어진 해운대 이기도 하다. 바다를 매립하여 88층, 101층의 거대한 콘크리트 섬 같은 아파트가 늘려져 있는가 하면 바로 아래에는 70년대 새마을 운동의 슬레이트 지붕의 텃밭도, 세상 발전 역사의 증거들도 공존하는 독특한 도시의 해운대이다.

 대한민국 국민소득 4만 불 시대의 잘사는 혜택을 입어 바다를 가로지르며 2층 현수교를 달리는'광안 대교'가 부산 속의 해운대가 있느냐면, 25년 만에 여기를 빠져나오며 4만 명 정도의 인구를 가진 지리산 산청군을 내비게이션 찍어 2시간 거리의 습관처럼 찾는 지리산 산청은 그야말로 태산 같은 행운이 만들어준 운명의 행복함이라고 자랑하며 산청 사람인 나는 지리산을 버릇처럼 들먹거리는 것만으로도 힐링 되는, 속이 꽉 찬 청정 지역 가을배추 그 맛이다.

 산청에는 남명 조식 선생의 선비 정신이 뼛속 깊이 배어 있는 남명선생 유적지와 목화씨를 붓 대롱에 숨겨온 문익점 선생의 유적지와 지리산 산청의 상징인 허준 선생의 약초 동의보감촌이 가락국의 마지막 구형왕이 전사한 김유신 장군의 증조부인 구형왕릉이, 6.25 전쟁 중 산청 함양 거창 사건에서 민간인 700여 명이 억울하게 희생된 산청 함양사건 추모 공원이 지리산 산청이 나의 고향이니 지리산 천왕봉을 향해, 해운대

해수욕장 바다를 향해, 아~ 넌 최고의 자연이다!
 고성 함성을 질러 봐도 겸손을 먹칠하는 것은 아닐 듯하다.

 그래서 어설픈 글로 고향 지리산 산청을 자랑하는 표현 함성으로 해운대와 지리산을 팔리는 쑥스러운 손바닥 분량의 생각을 당당하게 인생 3모작 삶으로 살고 해운대만의 바다 냄새와 지리산 천왕봉만의 정기로 태어난 지리산 산청은, 대한민국의 역사적 지형적으로나 관광적으로도 힐링 적 가치가 충분한'해운대 바다와 지리산'이라는 영원한 표본적'자랑의 섬'이 될 것임을 자랑해 본다.

## 작은 행복


사랑이 멀어져 갈 때
거울 속에 비친 새 앙증맞게 말을 건다

어느 시절이었던가
비단결 같은 고운 빛이 파도처럼 흘렀다

이른 아침 처마 아래로 내 마음 밀려온다
내 마음이 네 마음일 때
기다림의 그 시간은 행복 빛 설렘으로 넘실거린다

구수한 된장 냄새가 좋아지고
소소한 칭찬에 행복해하며
혼합 베개의 따스함이 둥지를 적신다

내가 사랑한 그녀
나를 사랑하는 그녀

마음 키가 작아서 누워 걷는 나에게
작은 공간 사랑새
살랑대는 대화로 행복 배달한다

# 잔소리

나이가 들면
잔소리는 늘어나지
줄어들지는 않는다

나이와 잔소리 경계
어디까지의
어떤 그릇일까

늘~
시대와 자신에게
다듬질하며 살아야 한다

## 인테리어(Interior)

우리가 살아가는 데는
거주하는 집이 있다
세월이 가면
수리, 보수, 장식도 해야 한다.

국민 삶의 테두리를
좌지우지하는 정치

정치도 정치인도
비상식 같기는 하지만
인테리어는 필요하다

감옥에서도 창당하고
감옥에 갈 정치인들도
나라 지도자 하고

전직 대통령도
경호원 60여 명에
매월 수천만 원의 혜택으로
호의호식하고 있는 것도

정치의 공사가 필요하리라

## 좋은 집안의 조건

집안에
절색 미인이 없어
길 지나도 아무도
쳐다보는 이 없고

집안에
대통령도 태어나지 않았고

집안에
정치가가 없어서
감옥 간 사람도 없으니

우리 집안은 정말로
행복한 집안이다

## 지나고 보니

같이 걸었을 때도
산에 오를 때도 내려올 때도
산에 올라 내려다봤을 때도
들에 나가 살필 때도

죽기 살기로 고민할 때도
운명적 사업을 할 때도
충무시청 녹지과 공무원 시절 충무 앞, 뒷산에
편백나무 등 12만 본 나무 심는 전쟁할 때도

진주 대동그룹 스카웃 되어
총무과장, 인사 노무과장 시절
강성 노동조합과 단체협약 전쟁할 때도

해운대 장산 새마을금고 선출직 이사, 이사장 당선되어
300억 자산을 1000억 달성하며 열정 충성 봉사할 때도
관변 단체장으로 뽑혀 돈 쓸어 수시로 삼겹살
번개 쳐 주고 소통 화합할 때도

경호건설 대표 시절 아파트 빌라 분양
동서同壻와 동업 하며
부산 기장군에서 건설사업 할 때도

화장품 유통 사업으로
배우자 고생시키며 장사 할 때도

유족회 활동으로 국회로, 행자부로, 기획예산처로
KBS, MBC, 민자당 등등에 고함지르며 악쓰고 다닐 때도
추모 공원 최초 설계도면 확보하여
거실 바닥에 어지럽게 펼쳐 놓고
눈 빠지게 검토하며 밤샘 칠 때도

지금은 다 잊었지만
위령탑도, 일주문도, 영상실도,
역사 전시관도, 별도 유족회 사무실도
설계에 없는 것을 처음으로 밝혀냈을 때도

추모공원 돌(石)계단에 중국산 돌이 시공되었다고
시공자로부터 전화 제보 받고 달려가
정재원 유족회장과 산청군 공사 감독관, 공사 감리,
유족회 감독관에게 눈 붉히며 따질 때도

유족회 주관 학술대회인 프레스센터, 경상대학교,
국회 정론관에서, 유족 대표 발표자로 나가
쟁쟁한 교수학자들과 목소리 함성 높일 때도

부산청옥문학에 시인 등단 하여
첫 시집『멀구슬』, 두 번째 시집『지리산 빈 들판』
세 번째『지리산 메아리』출판할 때도
㈜경산 세라믹 산청공장 경영 사장 맡아
동분서주 뛰어다닐 때도

산청 함양 사건 추모공원 안내 해설사로 방문객 중
지리산 둘레길 온 등산객 접근해
거창 사건은 너무나 잘 알면서
산청 함양 사건은 80% 이상은 왜 잘 모르는가?
그 억울한 역사 원인 캐내서 목청 해설할 때도

이 세상에 태어나

최고로 잘할 수 있었던 일은 무엇이었을까?
지나고 난 지금은 모두가 다, 모두가 다
후회도 있고 반성도 있고 보람도 있었는데
파노라마 여정의 열정적 삶 운명적 삶이었으니
피고 지고 울고 웃었던 70년 세월
70가지 색깔은 7:3의 복합 색 파노라마이었더라

## 하늘과 땅

하늘만큼
땅만큼
당신을 사랑합니다

하늘엔 영혼이 물들고
땅엔 육신이 숨 쉬지요

우리의 하루하루를
살아가게 하는 건
바로 그 하늘, 그리고 땅입니다

보이지 않는 곳에서
우릴 이끄는 빛
가장 가까운 곳에서
우릴 안아주는 품

하늘과 땅
그 사이에 우리가 있습니다

## 사랑과 타이밍
 - 유족회장 자리와 정정자

산청 함양 거창 사건에서 51년2월7일 이른 아침,
대한민국 국군의 견벽청야 작전에서 8살의 나이에 총을 맞고도 살아나서
지리산 골짜기 방곡 마을에 살면서 82살의 나이에도 자나 깨나 영령들과
추모공원을 돌고 돌면서도 마을 회관에서 노인들 반찬 만들어 점심 봉사를 하면서 지내고 있는 43년생 〈정정자〉 유족이 있다

추모공원 안내 해설사 직을 스스로 그만두었다는 소식을 전해 듣고는
진정한 마음으로 유족으로서 사랑의 눈물 묻은 목소리로 전화가 왔다
"왜 스스로 그만두느냐고" 진정을 시켜 드리기도 힘이 들었다

주변의 식당에서 점심을 사 주겠다고 간곡한 전화에 좋다고 하였다
정정자 여사님의 진정한 유족 사랑으로 받아들인다
(유족회장직을 2024년 3월 31일 사임 하면서)

사람은 누구나 상식도 있고 기본도 있고 욕심도 있다
그러나 남은 인생 전체를 두드려 보면 후회하지 않기 위해서는

자기적 욕심 논리에서 1년만 더하고 조금만 더하고
이런 시기에 혁명 같은 자기 채찍으로 던져야겠다는 평생의 좌우명을
이번에도 실행하였다

조직과 후배에 대한 배려라고 하면 이 또한 생색 적이 될 거 같다
지금 대한민국은 노인회장 마을이장 등등 회장직이 너무나 많다
그러나 위와 같은 스스로 직을 내려놓지 않으므로 수많은 갈등들이
벌어지고 있는 것이 대한민국 지금의 현실이다
국민의 수준이고 한민족의 DNA인 것 같다
입장 바꿔 생각하고 실행을 한다면 우리 사회가 참 행복해질 것 같다

* 정정자: 1943년생, 총 2발 맞고 살아나 현재 추모공원이 있는 방곡마을에 살고 있음.

## 지리산 단풍은

순서 질서도 없이
함성 울려대는 집단행동

빨강 노랑 입 맞추며
스르르 내려오는
울긋불긋 山들 함성에

지리산 둘레5길 산객들은
입과 눈이 사로잡혀
터벅터벅 바스락바스락

쎄가 만발이나 빠질 듯
무지개 목청 질러 댄다

## 참새부부

참새 한 쌍이
기와 지붕위에 나란히

무조건
이것저것 쫒다가도

서로 마주 보며 짹짹 흭~
더 높은 곳 전깃줄에

날개를 믿고
사랑을 믿고

깡충 폴딱 폴딱
맘대로 날아오른다

참, 귀엽고 부럽다

## 파크골프 인생론

파랗게 울퉁불퉁 살아온 긴 세월 지나니
크고 작은 수많은 일들이 많았습니다

골똘히 생각을 해보니
이제는 프로는 아니어도
파크골프를 통하여 소통하고 싶습니다

건강해야 여생이 행복합니다

신이 내려주었다는 파크골프
이야기 있는 건강 보장 삶으로 살아갑시다

• 시인은 파크골프 산청군 왕산클럽회장을 맡고 있음(2025년)

## 희망

나뭇가지가 하늘로
쑥쑥 자라며 성장하듯

수많은 일들 속에서
비비대며 발전하듯

한겨울에 입김이
힘차게 내 뿜어지는 것처럼

캄캄한 밤이 지나고
하얗고도 깨끗한 미래가

행복할 아침 햇살을 붙잡으며
의무처럼 존재하는 것이다

> 해설

# 민수호 4번째 시집 『감자꽃 침묵』

최 경 식
| 청옥문학협회장, 시인, 수필가 |

　민수호 시인은 부산에서 사업도 하고 봉사 활동도 하다가 생활을 마감하고 고향에 귀촌한 시인이다.
　땅을 가꾸며 씨앗을 뿌리는 일은 쉽지 않는데 잘 적응하며 문인 활동하는 것은 참 아름다운 일이다. 삶에 꽃피우며 시를 쓰는 마음은 긍정의 마음을 만들며 행복을 추구하는 것이다.
　민수호 시인은 청옥문학협회와 인연이 되어 2012년도 계간 청옥문학에 등단하고 문학 활동도 잘하고 있는 시인이다. 문학상도 충렬문학상과, 청옥문학상 대상을 수상한 시인이며. 한국문협 산청지부 회장을 역임 했으며 산청에서 생활의 체험을 서정시로 이 시집이 만들어진다.

　　땅 위로 번지는 하얀 숨결
　　그저, 세상의 무게를 견디는 일

　　말은 끝내 입술을 떠나지 못하고
　　핏줄 같은 가느다란 생명의 선을 따라

깊은 흙 속으로 침묵이 흐른다
어둠 속에 깃든 생명은 조용히 자란다

불타는 것은
언어가 아니라 육신이다
태워야 비로소 뿌리를 남긴다

모든 외침이 지하로 침잠할 때
비로소 땅은 생명을 잉태한다

- 「감자꽃 침묵」 전문

이 시는 생명과 침묵, 고통과 탄생, 겉과 속의 대조를 통해 감자꽃이라는 상징 안에 삶의 인내와 깊이를 담고 있다. 감자꽃의 "하얀 숨결"은 순결하고 조용한 생명을 암시하며, 겉으로는 드러나지 않는 뿌리의 존재와 그 고요한 성장을 강조한다.

"핏줄 같은 가느다란 생명의 선을 따라 / 깊은 흙 속으로 침묵이 흐른다"

이 부분은 감동적이다. 말 대신 땅속으로 흐르는 침묵은 오히려 더 진한 소통, 더 깊은 언어로 느껴진다.

"불타는 것은 언어가 아니라 육신이다 / 태워야 비로소 뿌리를 남긴다"

이 부분에서는 희생과 소멸을 통한 지속을 말하고 있고, 감자처럼, 겉은 사라져야 뿌리(진실, 본질)가 남는다는 역설적 통찰이 돋보인다.

이 시는 우리 모두의 마음속에 있는 "침묵의 뿌리"를 일깨워 준다.

'감자꽃'이라는 조용한 상징은, 소리 없는 외침이 세상을 살게 한다는 진실을 말하고 있다.

> 당그래산 저녁노을 아래기와 집 굴뚝에서
> 모락모락 피어오르는 연기 어머니 주름살같이
> 차곡히 쌓인 긴 세월의 생각
> 간절히 자랑하고 싶은
> 넘치게 받은 사랑을
>
> 본심의 순결한 마음으로
> 털 푸이 주름처럼 안아서
> 눈 비빈 그릇에
> 소복이 담아주고 싶다
>
> - 「하나도 아깝지 않아」 전문

'하나도 아깝지 않아'라는 말은 시인의 정서 전체를 관통하는 문장이다.

어머니에게서 받은 사랑, 보살핌, 기억들, 그것들이 너무 귀해서 되돌려주는데 아깝지 않다, 오히려 더 주고 싶다는 절절한 감정이 녹아 있다.

이 말 한마디에 희생과 감사, 전해주고 싶은 마음이 모두 담겨 있다.

"당그래산 저녁노을 아래 기와집 굴뚝에서 피어오르는 연기"

한국적 정서, 고향, 어머니, 삶의 연륜이 한 이미지 안에 모여 있다.

연기는 마치 시간의 흐름, 혹은 지나간 삶의 흔적처럼 느껴지며, "어머니 주름살같이 차곡히 쌓인 긴 세월의 생각"이라는 다음 문장으로 자연스럽게 이어진다.

"간절히 자랑하고 싶은 넘치게 받은 사랑"

거짓 없는 마음, 자연스러운 삶의 주름, 그리고 그 모든 것을 감싸안는 태도가 시인의 따뜻한 마음결을 드러낸다.

"눈 비빈 그릇에 소복이 담아주고 싶다"

감동받아 눈물 흘리며 담아내는 진심, 누군가에게 정갈하게, 온전히 사랑을 건네고픈 마음이 이 한 구절에 압축되어 있다.

시는 어머니의 삶과 사랑을 받아 가슴에 품고 살아온 화자의 이야기를 다룬다.

이 시는 단순한 고향의 풍경이 아니라, 그 안에 깃든 '사랑의 기억'을 나누려는 소중한 기도처럼 느껴진다.

지리산이 안아 주고 산신 공기 뿜어주니 청정수도 자랑이고
구름을 머리에 두르고 천왕봉 기氣 지켜주니
엉덩이 붙이고 살 산청 땅 귀향 귀촌 11년

한방漢方으로 힐링 넘쳐나니 내 고향 산청이다
이렇게 저렇게 함성 울린 해운대 바닷가 세월 마감하고

허수룸한 산청 고가古家 속에서 아버지 어머니 냄새 속에서
족보 울타리 가족묘지 삽질하며 여생 다독이는 흙손으로
대나무만큼은 매끈하고 단단하지 않을지라 해도

천왕봉 산그늘 정기 받아 온돌방 추억으로 잘 살아가고 있는
수많은 전국의 가족들 생각하며

지리산 최고 공기 왕산王山 아래서 흐르는 엄천강 물소리 사랑하며
남아있는 길 상식에 부끄럽지 않게 밟으며 살아갈 것이다
  - 「귀향」 전문

  지리산이 품어주는 고향 산청은 맑은 공기와 물, 자연의 축복을 받은 곳이다.
  천왕봉의 기운이 보호해 주니 이곳에서의 정착(귀향, 귀촌)이 11년째, 한방 치유의 고장인 산청은 마음과 몸을 회복하게 해 준다.
  부산 해운대에서의 화려하고 분주한 세월을 뒤로하고 이곳에서 새로운 삶을 시작했음을 말한다.
  허름하지만 정겨운 고가에서 부모님의 체취를 느끼며, 족보와 가족 묘지로 이어지는 뿌리와 전통을 다지며, 흙을 일구는 손은 대나무처럼 곧고 단단하진 않지만, 그 자체로 소중하다.
  지리산 자락에서 옛 온돌방의 따스한 추억과 함께, 다른 가족들도 이곳에서 잘 살고 있음을 떠올린다.
  왕산 아래 엄천강의 물소리는 이 삶의 배경이자 위안이며, 남은 인생길을 '상식에 부끄럽지 않게' 살아가겠다는 다짐으로 시는 마무리한다.
  이 시는 단순한 귀촌의 기록이 아니라, 삶의 회귀와 정체성 회복에 대한 진중한 고백이다.
  삶의 끝자락에서 화려함을 벗고 고향의 자연과 전통, 그리

고 가족과 기억 속으로 돌아가는 이야기는 한국적인 정서와 함께 노년의 지혜와 평온함을 느끼게 한다.

특히 마지막 연의 "상식에 부끄럽지 않게"란 표현은 시 전체의 인생철학을 잘 응축하고 있어 인상 깊다.

귀향이 단순한 물리적 이동이 아니라, 정신적 고향으로의 복귀임을 보여준다.

필요하시다면 이 시를 기반으로 산청 홍보문이나 귀촌수기 형태로도 각색해 드릴 수 있다.

민수호 시인은 고향에 귀향하는 분들에게 귀감이 되는 모범적인 시인의 모습이 보여진다.

 60년대의 아까시나무 지금의 아까시나무
 참으로 많은 차이가 난다

 가난했었던 60년대 시절
 산 정상까지 화전 밭을 일구어 농사짓던 그 시절

 비만 오면 검붉은 황토가 쏟아지고
 산사태가 나니 가장 빠른 사방사업의
 가장 적합한 아까시나무와 오리목 나무
 지금은 밀려나고 있는 나무이지만

 이들 나무가 있었기에 산사태를 예방하였고
 오늘의 밀림 같은 푸르른 행복이 있고
 탄소배출의 녹색이 있는 지금의 산 산 산

하얀 아까시나무 꽃과 솜사탕 같은 향기를
추억의 그릇에 담아 대한민국 녹화綠化 공신

산림 녹화의 원로 님들께 임학도로서
존경의 마사지 향으로 드리옵니다
- 「아까시나무의 추억」 전문

"60년대의 아까시나무 지금의 아까시나무 / 참으로 많은 차이가 난다"
과거엔 생존과 재해 방지의 실용적 나무였지만, 지금은 밀려나는 나무가 되었다는 세월의 흐름과 가치관의 변화를 짚는다.
"가난했었던 60년대 시절 / 산 정상까지 화전 밭을 일구어…"
당시 국민의 생계 수단이었던 화전火田 농업의 모습과 함께, 황폐했던 산림의 실상이 드러나며,
"비만 오면 검붉은 황토가 쏟아지고…"
산사태의 위기 속에서 아까시나무와 오리나무가 산림보존의 해결책이자 희망의 나무로 등장한다.
"지금은 밀려나고 있는 나무이지만…"
이 부분은 기억에서 점점 사라지는 존재들에 대한 아쉬움과 고마움을 담고 있다.
"하얀 아까시나무 꽃과 솜사탕 같은 향기…"
자연의 아름다움과 향기, 그리움이 한데 어우러진 정서적 회상이다.
"산림 녹화의 원로 님들께 임학도로서 존경의 마사지 향으

로…"

   시의 마지막은 존경과 헌신의 표현으로, 아까시나무와 함께한 산림녹화 세대에 대한 감사의 마음을 전하고 있다.

   아까시나무에 담긴 역사와 정서
   산림녹화의 묵묵한 공로자들에 대한 감사
   잊히는 것들에 대한 기억의 복원
   생태적 가치를 넘어선 삶의 향기와 그리움

   이 시는 단순히 나무 하나에 대한이야기를 넘어, 우리 민족의 근현대사와 삶의 향기, 그리고 자연과 인간이 함께 걸어온 길을 되새기게 합니다. 아까시나무의 하얀 꽃과 달콤한 향기가 독자의 마음에도 오래 남을 것이다.

   메리골드 꽃에
   애무하느라 정신이 없다
   독특한 박하 냄새
   꽃향 잎향 흠뻑 들이마신다

   문 열어 두었더니 들어와서는
   쉬었다 가는 줄 알았는데 유리창 들이받고는
   이내 갇혔음을 인식하고
   들어온 걸 후회하는지 날개를 파닥거린다

   마음 약한 나는 날개를 잡아
   밖으로 날려 보내주었지!

뒤돌아보지도 않고
　　"이이고 식겁했다"

　　호랑나비는 창공을 훨훨~
　　고맙다는 몸짓 인사도 없이
　　두 날개 흔들며 줄행랑쳐도
　　콩닥콩닥 예쁘더라

　　　　　　　　　　- 「호랑나비」 전문

"메리골드 꽃에 / 애무하느라 정신이 없다"
　호랑나비의 집중된 순간, 생의 본능과 꽃의 아름다움에 몰두한 모습을 섬세히 포착이다.
　'애무하느라'는 표현은 시적이고 의인화 적이며, 생명과 생명의 교감을 그려낸다.
　"문 열어 두었더니 들어와서는…"
　평온했던 장면이 돌연 긴장과 혼란으로 바뀐다.
　들어온 나비가 유리창에 부딪히며 자유를 잃고, 혼란스러워 하는 장면이 이어지며,
　"마음 약한 나는…"
　연민과 배려의 마음이 드러난다. 시인은 억지로 나비를 잡지 않고, 조심스럽게 날개를 잡아 바깥으로 날려 보낸다.
　그 모습에서 생명에 대한 존중과 따스함이 느껴진다.
　"이이고 식겁했다"
　의인화를 통해 나비의 말처럼 표현한 익살스러운 상상이 웃음을 자아내며 긴박했던 순간을 해학적으로 풀어낸 시인의 유머 감각이 돋보인다.

"고맙다는 몸짓 인사도 없이…"

아무런 인사도 없이 날아가지만, 시인은 그 모습조차 예쁘다고 말한다.

즉, 돌아보지 않는 이별에도 미움이 없고, 오히려 생명의 자유로움이 아름답게 느껴진다는 여운을 남긴다.

이 시는 단순한 나비의 방문을 넘어서, 생명에 대한 시인의 따뜻한 마음, 섬세한 감정, 유머와 해학이 어우러진 정서적 풍경화입니다. 특히 마지막 구절,

"콩닥콩닥 예쁘더라"

는 나비뿐 아니라, 시인의 따뜻한 마음 자체도 예쁘게 느껴지게 한다.

민수호 시인은 산청에서 시인으로 귀향을 성취하고 산청에서 문학을 알리며 자연의 주인으로 삶의 상황을 시로 설명하며 가슴에 와닿는 시를 보여주는 모습이 아름답다.

네 번째 시집의 상재를 축하드린다.

민수호 제4시집
## 감자꽃 침묵

인쇄: 2025년 8월 1일
발행: 2025년 8월 7일

지은이: 민수호
펴낸이: 최경식
펴낸곳: 청옥출판사
인쇄처: 세종문화사

출판등록 제10-11-05호
E-mail: sik62001@hanmail.net
전화: 051-517-6068

값 12,000원

ISBN 979-11-91276-81-7 03810

\* 이 책의 무단전재 및 복제행위는 저작권법에 의거, 처벌의 대상이 됩니다.